MUNDO DE VIDA OCEÁNICA
DOMINIE
ANTÁRTICA

Pingüinos

ESCRITO Y FOTOGRAFIADO
POR KIM WESTERSKOV, Ph.D.

1. Pingüinos 2
2. ¿Qué es un pingüino? 4
3. Pingüinos antárticos 7
4. El pingüino más grande 11
5. El ciclo de vida de un emperador 13
6. Pingüinos de Adelia 17
7. Pingüinos en mares más cálidos 20
8. El pingüino más pequeño 22
9. El pingüino de ojos amarillos 24
10. El círculo de vida 26
11. Los pingüinos y la gente 29
    Glosario 32
    Índice .... Interior de la cubierta posterior

Dominie Press, Inc.

1 Pingüinos

A muchas personas les simpatizan los pingüinos. ¿Por qué es tan fácil tenerles afecto? Tal vez sea porque se parecen tanto a nosotros. Aunque sean aves del mar, caminan, o anadean, como un bebé, y se paran erguidos en tierra como lo hacemos nosotros. De color negro atrás y blanco al frente, los pingüinos parecen hombrecitos vestidos en trajes de etiqueta.

▲ Esta es la pequeña colonia de pingüinos en la Isla Ross. Cada otoño la colonia se reúne sobre el hielo nuevo en Cabo Crozier, cerca de la Barrera de Hielo Ross.

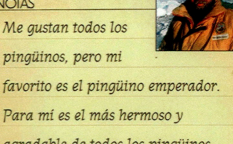

NOTAS

Me gustan todos los pingüinos, pero mi favorito es el pingüino emperador. Para mí es el más hermoso y agradable de todos los pingüinos, siguiendo su vida con una dignidad tranquila. Está tan perfectamente adaptado al horrible clima de la región antártica que hace parecer casi fácil la vida ahí durante el invierno.

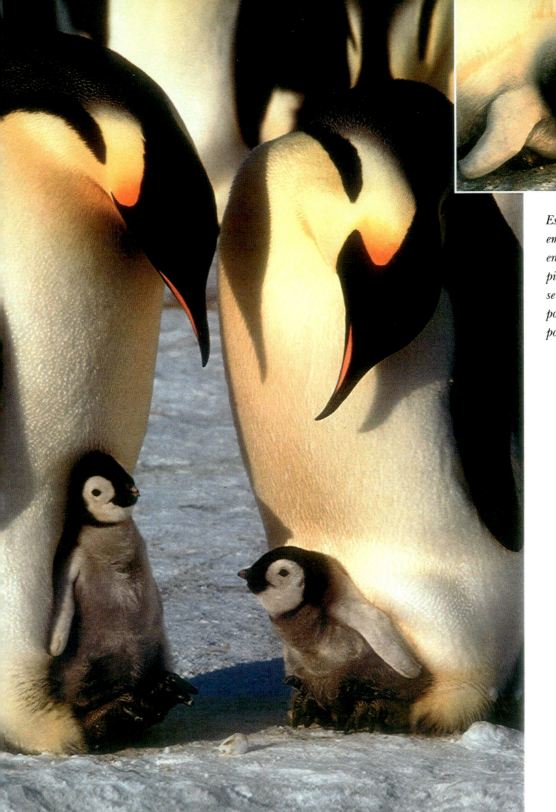

Estos padres de pingüinos emperadores cuidan a sus polluelos en Cabo Crozier. Los padres de pingüinos emperadores con frecuencia se agrupan, permitiendo que sus polluelos "socialicen" con otros polluelos.

▲ *Los pingüinos "vuelan" elegantemente bajo el agua.*

2

¿Qué es un pingüino?

Un pingüino es un tipo de ave que ha cedido la habilidad de volar por el aire por la habilidad de "volar" por el agua.

Todos los pingüinos tienen un patrón de colores básicos: oscuro atrás con blanco al frente. En el mar esto sirve de **camuflaje**. Un **predador**, tal como la foca leopardo, mira hacia abajo y ve al pingüino como una figura oscura que se confunde con el fondo oscuro de la profundidad del mar. Un predador que mira hacia arriba ve una figura vaga, clara que armoniza con el fondo claro de la superficie del agua.

Los pingüinos tal vez no parezcan aves, pero en realidad son aves que llegaron a ser muy especializadas para la vida en el mar. Igual que todas las aves, son de sangre caliente, ponen huevos y tienen plumas, picos y hasta alas. Estas alas se han convertido en aletas cortas, duras que baten fuertemente hacia arriba y abajo, **impulsando** su cuerpo **perfilado** suavemente por el agua. La dirección viene de la cola y las patas que se combinan para formar un timón.

Los pingüinos se encuentran sólo en el **hemisferio meridional**, desde **la región antártica** hasta las Islas Galápagos, en la **línea ecuatorial**. La mayor parte de los pingüinos viven en las frescas y frías aguas de los océanos australes, y paren en las islas remotas y a lo largo de las costas de Australia, África, Suramérica y Antártica. La mayor parte de las **especies** se quedan cerca de casa.

El secreto de la capacidad del pingüino de vivir en aguas frías son las plumas y la grasa. Sus plumas impermeables son cortas, tiesas, y

NOTAS

¿Por qué caminan los pingüinos de la manera que lo hacen? Sus patas cortas están situadas muy atrás en sus cuerpos, de manera que cuando caminan, lo hacen erguidos con un "anadeo de pingüino".

fuertemente apretadas. La parte exterior de cada pluma es impermeable, mientras que la parte interior tiene plumones esponjosos. Esta capa de plumones atrapa el aire y provee más de 3/4 partes del **aislamiento** del pingüino. Esto es asombroso, ya que la capa de plumas tiene menos de 1/2 pulgada de espesor. El resto del aislamiento proviene de la capa de grasa debajo de la piel.

La mayor parte de los pingüinos se alimentan cerca de la superficie, así que los buceos son tanto cortos como poco profundos.

Para los pingüinos, el mar es su hogar. Todo su alimento vive en el mar, y están espléndidamente dotados para la vida ahí. Algunas especies pasan más de 3/4 partes de su vida en el mar durante varios meses a la vez, llegando a tierra sólo a poner huevos, criar los polluelos y **mudar**.

Los científicos han discutido por años acerca del número de especies de pingüinos existentes. La mayor parte de ellos están de acuerdo que hay diecisiete, pero otros dicen que hay entre dieciséis y veinte.

▼ *Pingüinos de Adelia*

▲ *Pingüinos de Adelia salen en otro viaje de alimentación, para traer alimento, guardado en sus estómagos, para sus siempre hambrientos polluelos.*

Pingüinos antárticos

De todas las especies de pingüinos, siete viven en los mares **antárticos**, tal como el Océano Austral, que se encuentra entre el Continente Antártico y el Frente Polar Austral. Aquí es donde el agua antártica fría se encuentra con el agua subtropical más cálida.

El más conocido de todos los pingüinos es probablemente el

pingüino de Adelia. Éste es seguramente el más fotografiado y estudiado, y así la mayor parte de la gente se ha hecho a la idea de que ése es el aspecto de todos los pingüinos. Este pingüino es activo, pequeño e inteligente en "traje de etiqueta": negro atrás y blanco al frente, con anillos blancos alrededor de sus ojos. El pingüino de Adelia es el más extensamente distribuido de los pingüinos antárticos, reproduciéndose sobre las líneas costeras rocosas directamente alrededor del continente, y en las islas al norte. Con un peso aproximado de unas doce libras, éste no es un pingüino grande. Sin embargo, defiende ferozmente su territorio contra otros pingüinos, o la gente.

El único otro pingüino que vive directamente alrededor del Continente Antártico es el pingüino emperador, el

◂ *El segundo más grande pingüino es el primo del emperador, el pingüino rey. Parece una versión más baja y delgada del emperador, con un pico más recto y más grueso, y colores más brillantes. Pesa de veinticinco a treinta y cinco libras.*

▲ *Los pingüinos emperador son los únicos pingüinos que permanecen en la región antártica durante el invierno. Una de sus muchas adaptaciones para sobrevivir el tiempo horrible de invierno: oscuridad total veinticuatro horas al día, ventiscas de nieve y temperaturas hasta de setenta y seis grados Fahrenheit bajo cero, es amontonarse apretadamente cuando el frío golpea con fuerza.*

más grande de todos los pingüinos. De unos tres pies de alto, puede pesar hasta 100 libras, según como se haya alimentado durante los últimos meses. Todas, excepto dos de las más o menos 40 colonias se encuentran sobre el hielo marino que se forma en otoño, así que la mayor parte de los pingüinos emperadores probablemente nunca tocan tierra durante toda su vida.

Otros tres pingüinos, los de pico rojo, los de barbijo y los macaroni también anidan en el Continente Antártico, pero sólo en la península, y en las islas más al norte.

El pingüino macaroni es el más numeroso de la Tierra. En el Océano

▲ *Los pingüinos con frecuencia se montan sobre témpanos o bancos de hielo flotantes. Aprovechan estos momentos para descansar. Para subirse a un témpano de hielo como éste, los pingüinos nadan a toda velocidad, saltan hasta siete pies fuera del agua, y se agarran de la superficie del hielo con las uñas largas de los dedos de las patas.*

Austral, hay más de 10 millones de parejas reproductoras (más de 20 millones de aves individuales), además de un gran número desconocido de aves que no se reproducen. Ésas son muchas aves que necesitan comer **kril** y pescado.

El pingüino de penacho amarillo, de unas cinco libras de peso, es el más pequeño de las especies de la región antártica, pero compensa por esto al ser el más **agresivo** de todos los pingüinos.

4
El pingüino más grande

Los pingüinos emperadores son los pingüinos más grandes de la Tierra. Tienen muchas **adaptaciones** para permanecer calientes. Tienen cuerpos largos, redondeados. Sus patas, aletas, cabeza y pico son pequeños comparados con el resto del cuerpo. Más de 3/4 partes de su aislamiento provienen de sus extraordinarias plumas. Las plumas se traslapan como las tejas de un techo para formar una capa impermeable que es lo

▲ *Pingüinos emperadores*

▲ *Setenta libras de pingüino emperador explota del mar y sobre el hielo marino. El pingüino emperador es sin duda el campeón de las aves buceadoras.*

suficientemente fuerte para darse abasto contra cualquier **ventisca de nieve**. Una capa de grasa bajo la piel completa el aislamiento y funciona como alimento de reserva. Al inicio del invierno, esta capa de grasa tiene más de una pulgada de espesor.

Probablemente la adaptación más importante, y ciertamente la más extraña, es el "amontonamiento". Cuando el clima se pone demasiado incómodo, las aves se amontonan apretadamente. Esto disminuye por la mitad la pérdida de calor de todas las aves excepto aquellas que están en la orilla, y permite que su reserva de alimento dure mucho más. Cada pingüino se turna para actuar de cortaviento en la orilla fría, antes de arrastrarse hasta el lado menos expuesto donde se vuelve a colocar en el montón.

5
El ciclo de vida del emperador

La mayor parte de las aves cuidan sus polluelos hasta que llegan casi a un tamaño de adulto. En la región antártica, simplemente no hay tiempo para eso. El verano es muy corto, así que tanto los jóvenes del pingüino de Adelia como los del pingüino emperador terminan su crecimiento en la banquisa de hielo cuando todavía hay mucho alimento.

En las especies más pequeñas de pingüinos, los polluelos se pueden cuidar solos a los dos meses de nacidos, así que todo el ciclo se puede apretujar en el

Un polluelo mueve la cabeza de lado a lado, pidiendo alimento. ▶

▲ Aquí hay una vista aérea de la segunda colonia más grande de pingüinos emperadores en Cabo Washington, en el Mar Ross.

◀ Un polluelo de pingüino emperador se asoma por su hogar protegido en las patas de su padre, bajo el mismo doblez de la piel que protege el huevo del frío del invierno.

corto verano antártico.

Los polluelos de pingüinos emperadores llegan a ser aves más grandes, y necesitan cinco meses antes de que puedan enfrentársele al mundo solos. De la única manera que los jóvenes pueden abandonar la colonia a mediados de verano es si los padres comienzan el ciclo de reproducción antes que otros pingüinos: ¡el otoño anterior!

En otoño, los pingüinos emperadores se juntan en sus **colonias** sobre el hielo marino cerca de la costa. Aquí cortejan y **aparean**. A medida que avanza el invierno, la hembra pone un solo huevo, y se lo entrega al macho. Con su pico, el pingüino lo hace rodar con cuidado encima de sus patas. Aquí se calienta contra un pedazo de piel desnuda, y está protegido por un pliegue de piel del vientre que lo cubre completamente. La hembra ahora se dirige al mar. Ya la hembra habrá perdido una cuarta parte del peso de su cuerpo, y tendrá que engordar antes de que incuban los polluelos.

Durante los siguientes dos meses, el macho balancea el huevo sobre las patas durante el oscuro invierno antártico. Las ventiscas de nieve lo golpean, y las temperaturas descienden a setenta y seis grados **Fahrenheit** bajo cero. Amontonado con otros machos se queda parado, día tras día… tras día. Durante el invierno, el macho no come por tres o cuatro meses; esto es más de lo que puede soportar cualquier otra ave.

La hembra regresa aproximadamente al tiempo que nace el polluelo. Entonces el macho se va vagando flaco y desaliñado, ¡a buscar mar abierto

▸ *El amontonamiento de pingüinos es su forma altamente efectiva de defenderse contra las ventiscas del antártico. Un amontonamiento grande puede incluir hasta 6,000 aves. Los amontonamientos son actos de cooperación pacífica en contra de un enemigo común, el frío.*

y alimento! La hembra alimenta a los polluelos durante tres semanas hasta que regresa el macho. De ahí en adelante, la pareja establece servicio regular para entregar alimento al polluelo.

Para mediados del verano, el polluelo de cuatro o cinco meses de edad es alimentado por sus padres por última vez. El joven ahora tiene que abrirse camino por sí solo en el mundo, aunque no pareciera tener suficiente edad: aún tiene grandes trozos de plumones colgando de sus plumas impermeables, y pesa sólo de veinte a treinta libras, o sea, la mitad del peso de un adulto.

El primer año es difícil, y muchos pingüinos jóvenes mueren. Los que sí **sobreviven** regresan a su colonia para reproducirse dentro de los siguientes cuatro a seis años. De los que llegan a la adultez, la mayor parte vivirá de veinte a treinta años, y ¡algunos llegarán a los cincuenta años de edad!

6

Pingüinos de Adelia

El pingüino de Adelia es el más conocido de los pingüinos. Es el pequeño "caballero" gracioso e inteligente en traje de etiqueta negro y blanco, o tal vez una "monja" en vestimenta de convento. Éste es el pingüino que primero se le ocurre a la gente cuando piensa sobre pingüinos. Los anillos "sorprendentes" alrededor de sus ojos simplemente aumentan su atracción.

Los pingüinos emperadores y los pingüinos de Adelia son las únicas dos especies que viven directamente alrededor del Continente Antártico. El pingüino de Adelia es por mucho el más común. Su cuerpo regordete pesa de ocho a dieciocho libras. Estos pingüinos bucean a profundidades en busca de kril y peces pequeños. También son nadadores fuertes.

Cada primavera, estos pequeños pingüinos fuertes se dirigen al sur hacia la línea costera antártica y a la

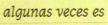

NOTAS

El pingüino de Adelia algunas veces es chistoso. Estos pingüinos dan alaridos y pelean, riñen y roban, empujan y apartan... pero también cuidan de sus parejas, huevos y polluelos con total dedicación. Además, logran sobrevivir en uno de los peores climas del mundo.

colonia de su nacimiento. Sus colonias se encuentran sobre playas rocosas libres de hielo en áreas donde el hielo marino se rompe durante el verano. Como

▲ *Los padres pingüinos reconocen y alimentan sólo a sus propios polluelos. Aquí un polluelo de Adelia enorme pide alimento. La hora de comer para los polluelos siempre significa mariscos, una porción aceitosa de pescado, kril o cualquier otra cosa que el padre haya atrapado en su viaje de alimentación. La comida la trae el padre en el vientre, y entonces la expulsa por la boca ("regurgita") a la boca del polluelo. Tal vez no nos parezca muy deliciosa ni a ti ni a mí, pero ¡a los polluelos de pingüinos les encanta!*

▼ *Los pingüinos de Adelia anidan en las playas rocosas libres de hielo en colonias alrededor del Continente Antártico y las islas del norte. Las colonias varían de tamaño y podrían incluir de 100 a 250,000 parejas de pingüinos. Ya que los sitios están expuestos al sol y el viento, la nieve no los entierra.*

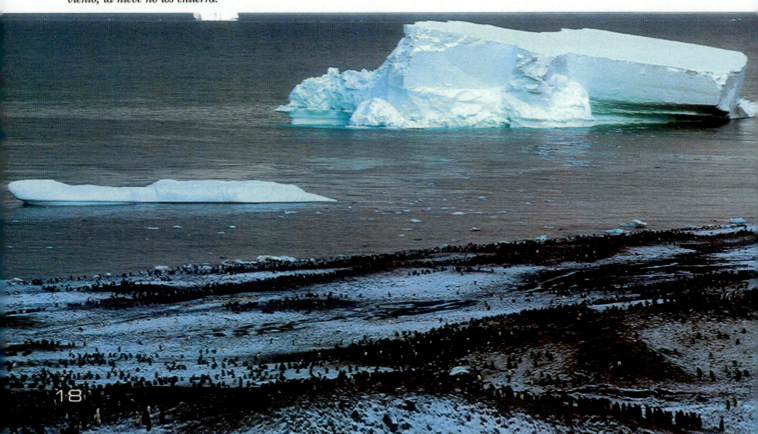

resultado, los pingüinos no tienen que viajar muy lejos para alimentarse.

El macho llega primero, con frecuencia al sitio exacto del nido que tuvo el año anterior. Esperanzadamente, su pareja del año anterior aparecerá pronto. Si ella no aparece, él buscará otra pareja. Se ponen dos huevos en el nido de piedras pequeñas, y los padres se turnan cuidando los huevos y alimentando a los polluelos.

Los polluelos de pingüinos de Adelia crecen rápido. Siete u ocho semanas después de incubar, a los jóvenes les crecen sus plumas impermeables y se dirigen al mar independientemente. Para entonces, no estarán totalmente crecidos; completan su crecimiento en la banquisa de hielo.

Los polluelos de pingüinos de Adelia crecen más rápido que cualquier otro polluelo de pingüino. Tienen que hacerlo, porque pronto el mar comenzará a congelarse. Para cuando eso suceda, tendrán que haberles crecido sus plumas impermeables y tendrán que llegar a la banquisa de hielo donde pasarán el invierno. Cada verano es una carrera contra el tiempo.

▲ *Este pingüino de Adelia joven, visto aquí estirándose, todavía tiene plumones adheridos a su plumaje impermeable.*

7
Pingüinos en mares más cálidos

Al norte de los mares antárticos en el Océano Austral, encontramos las restantes 10 especies de pingüinos, al igual que algunas que conocimos anteriormente. Dos especies de pingüinos crestados, los macaroni y los de penacho amarillo, son muy comunes tanto en los mares antárticos como en los más cálidos mares subantárticos.

Con sus números fijados en más de 30 millones, los pingüinos macaroni son una de las más comunes de todas las especies de pingüinos.

Las seis especies de pingüinos crestados viven en muchos **hábitats** diferentes, pero todos se parecen, con sus cejas copetudas de plumas amarillas, cuerpos cortos, fuertes y picos gruesos. En mares cálidos, encontramos las otras cuatro especies de pingüinos crestados: los reales, los de cresta erecta, los crestados Snares y los crestados de Fiordland. Estas especies se reproducen sólo en

▲ *¡Este pingüino crestado Snares parece estar posando para hacerse retratar!*

áreas específicas en la región de Nueva Zelandia. El pingüino crestado Snares vive sólo en las minúsculas Islas Snares, al sur de Nueva Zelandia. Aquí algunas veces descansa y anida en árboles bajos.

El pingüino real es más grande que el pingüino macaroni. Tiene mentón y cuello blancos y anida sólo en la Isla Macquarie, al sur de Nueva Zelandia.

Los pingüinos anillados son los pingüinos menos "antárticos". Tres de las cuatro especies, el peruano, el magallánico y el de las Galápagos, viven alrededor de las costas de Suramérica. El cuarto, el pingüino africano, vive en Suráfrica. El pingüino de las Galápagos vive en la línea ecuatorial en las Islas Galápagos.

Las últimas dos especies son los pingüinos de ojos amarillos y los pingüinos azules.

▲ *El pingüino de penacho amarillo o salta rocas es uno de los más pequeños, pero también es el más ruidoso y agresivo de los pingüinos. De sólo un pie de altura, atacará a cualquier persona o cualquier cosa que parezca ser una amenaza. Como su nombre implica, es en efecto un "salta rocas", bueno para saltar de roca en roca, o para saltar sobre inclinaciones empinadas con ambas patas juntas. Como todos los pingüinos crestados, la cresta del salta rocas descansa aplastada sobre su cabeza en el agua; aparece sólo cuando el ave se seca.*

8

El pingüino más pequeño

El pingüino más pequeño del mundo es el pingüino azul, también llamado pingüino enano. Mide cerca de doce pulgadas de alto y pesa unas dos libras. Su espalda es de color azul gris, y su pecho blanco, y es el único pingüino que no tiene colores o cresta en la cabeza. El pingüino azul vive alrededor de Nueva Zelandia y el sur de Australia. A diferencia de la mayoría de las especies de pingüinos,

▼ *Durante las primeras tres semanas, un padre cuida los polluelos constantemente mientras que el otro se alimenta en el mar.*

NOTAS

No veo con frecuencia pequeños pingüinos en la costa (a menos que vaya a buscarlos después de anochecer), pero casi siempre que voy al océano cerca de mi hogar en Nueva Zelandia, veo a estos pequeños y simpáticos pingüinos. Por lo general están solos, pero algunas veces los veo en grupos pequeños. A medida que se aproxima nuestro bote, por lo general se alejan zambulléndose bajo el agua, pero un pingüino era diferente. Nadó alrededor del yate en el que me encontraba por más de una hora.

Los pingüinos azules anidan en cuevas, grietas, madrigueras u otros lugares protegidos de la costa. ▶

los pingüinos azules generalmente permanecen en la misma área durante todo el año, hasta después de que la estación criadora haya terminado.

Estos pequeños pingüinos regordetes pasan sus días en el mar cazando alimento. Comen peces pequeños en cardúmenes, calamares, kril, caballos marinos, pulpos y otras presas pequeñas que se tragan enteras. Sus zambullidas son de menos de treinta segundos y casi siempre a menos de setenta pies de profundidad. Cuando sea necesario, pueden zambullirse a 200 pies de profundidad.

Durante la mayor parte del año, los pingüinos azules viven en parejas en colonias sueltas a lo largo de la línea costera. Sus hogares son madrigueras, cuevas y otros lugares protegidos. Salen por las mañanas antes del amanecer y regresan después de que oscurece.

Los machos y las hembras participan en la construcción del nido, el cuidado de los huevos y la crianza de los polluelos. Los huevos tardan cinco semanas en incubar. Ocho semanas después, los polluelos están listos para dirigirse al mar solos.

Si hay mucho alimento en el mar, los pingüinos azules a menudo crían una segunda familia, y algunas veces hasta una tercera, durante la misma estación. La mayor parte de los pingüinos azules viven de cinco a diez años, y algunas veces hasta veinticinco años.

9

El pingüino de ojos amarillos
"*Hoiho*", Vociferador Ruidoso

El pingüino de ojos amarillos no puede confundirse con ningún otro pingüino. Sus ojos amarillos y la banda de la cabeza lo distinguen. El nombre **Maori** del pingüino de ojos amarillos es Hoiho, lo que significa "vociferador ruidoso". Su llamado agudo, estridente lo usa cuando saluda a otra ave, corteja, reclama territorio, o cuando se siente amenazado. El Hoiho puede ser un ave ruidosa, pero es también muy tímida, así que se oye más a menudo de lo que se ve.

▲ *Pingüino de ojos amarillos*

De veinticuatro a veintisiete pulgadas de alto y pesando entre once y dieciocho libras, el pingüino de ojos amarillos es tan diferente a todos los otros pingüinos que los científicos lo ponen en un grupo por sí mismo.

Muchos pingüinos anidan en colonias grandes y ruidosas, pero el Hoiho es diferente. Anida en selvas costeras y matorrales, algunas veces a más de media milla del océano. El Hoiho necesita espacio y privacidad. Cada pareja escoge un sitio para su nido donde no pueden ser vistos por otros pingüinos. Aparte de las aves jóvenes que vagan ampliamente, el Hoiho permanece cerca del hogar durante todo el año.

▲ *Los pingüinos de ojos amarillos vienen a tierra pasando entre macroalgas resbalosas. El saber que éste es uno de los pingüinos más raros del mundo, viendo tantos venir a tierra en un solo lugar es una maravillosa vista.*

Las hembras ponen dos huevos en primavera, y a menudo ambos polluelos se crían con éxito, lo que es inusual entre los pingüinos. Durante las primeras seis semanas, un padre cuida los polluelos mientras que el otro sale a pescar. Los polluelos crecen rápido, y cuando ellos tienen seis semanas, ambos padres deben ir a pescar para alimentarlos. En quince semanas, los polluelos están listos para ir al mar. Los Hoiho pueden llegar a vivir hasta veinte años. Por lo general permanecen con el mismo compañero de por vida.

10

El círculo de vida

La mayor parte de los pingüinos se reproducen en colonias. Algunas de éstas son enormes, conteniendo hasta un millón de parejas. Los pingüinos regresan a las mismas áreas de reproducción cada año, y a menudo al mismo sitio de nidificar. Las uniones de parejas con frecuencia duran muchos años. En algunas especies, las parejas permanecen juntas durante el año. Normalmente, las parejas se juntan de nuevo cuando ambas aves llegan al área de crianza a fines del invierno. Si su respectiva pareja no llega a tiempo, escogen otra.

La mayor parte de las especies ponen uno o dos huevos, pero algunas ponen hasta cuatro. Las hembras y los machos comparten todas las tareas: construcción del nido, calentamiento de los huevos y protección y alimentación de los polluelos. Los padres regresan con alimento en sus vientres, y alimentan a los polluelos **regurgitando** los alimentos a la boca del polluelo. En la mayor parte de las especies, los polluelos mayores se juntan

◂ *Un pingüino de Adelia chequea sus preciosos huevos.*

Las skuas se alimentan de polluelos y huevos del pingüino de Adelia en el borde de la colonia. Algunas veces funcionan en pares: un ave distrae el pingüino en el nido, mientras el otro desciende en picada para robar el huevo o el polluelo. Cuando los polluelos llegan a este tamaño, por lo general están a salvo de las skuas. ▸

en "**crèches**" para protegerse tanto del tiempo como de los predadores.

Aquellos pingüinos que *sí* sobreviven los primeros años pueden anticipar una larga vida. Como la mayor parte de las aves marinas, los pingüinos son normalmente de larga vida. Tardan de tres a ocho años antes de estar listos para reproducirse, a veces aún más tiempo. Su promedio de vida es de diez a veinte años, a veces más. De los que llegan a la adultez, la mayor parte de los pingüinos emperadores viven hasta treinta años. ¡Algunos llegan hasta los cincuenta años de vida!

Los pingüinos enfrentan muchos peligros. El hambre probablemente sea la amenaza más crucial; muchos pingüinos mueren al no poder encontrar suficiente alimento en el mar. El patrón meteorológico El Niño calienta los mares en algunos años, reduciendo los niveles de alimento. Además, están los predadores. En el mar están las focas leopardo, leones marinos, lobos marinos, orcas y tiburones. En tierra, los huevos y polluelos

◀ *Un pingüino adulto de cresta erecta, muda.*

de pingüinos corren peligro tanto de predadores naturales, como de **skuas**, petreles gigantescos, águilas, serpientes y lagartijas, como de predadores introducidos.

Los pingüinos necesitan reponer sus plumas cada año. Los adultos por lo general hacen esto después del período de crianza. La muda tarda unas tres semanas. Cuando están perdiendo sus plumas impermeables durante la muda, los pingüinos no van al mar a alimentarse, así que se quedan parados, en ayuna, y con cara de miserables. Los pingüinos son muy vulnerables a los predadores o al disturbio humano durante la muda.

Los polluelos de pingüinos se mantienen calientes por un abrigo grueso de plumones que les permite ser independientes de sus padres. Puesto que este plumón no es impermeable, los polluelos no van al mar hasta que les crezcan las plumas.

Tan pronto como les crezcan las plumas impermeables a los polluelos de pingüinos, se van al mar a arreglárselas solos. Ésta es una etapa difícil y peligrosa para ellos. Rápidamente deben aprender a encontrar y atrapar su propio alimento, así como evitar predadores. Muchos mueren durante los primeros meses, y menos de la mitad sobrevive para llegar a la adultez.

11
Los pingüinos y la gente

Durante los últimos 200 años, la gente ha matado pingüinos por millones. Algunos pingüinos sirvieron de comida, mataron a algunos para sus plumas, y simplemente hirvieron a otros para el aceite. Además, la gente se llevó decenas de millones de huevos de pingüinos, y todavía se lleva decenas de miles. En algunas islas, todavía matan a los pingüinos por sus plumas, su aceite y sus pieles. Algunos pescadores todavía usan la carne de pingüino para cebo.

No sólo importa lo que hacemos intencionalmente, sino también lo que hacemos accidentalmente. Los pingüinos **evolucionaron** en islas libres de predadores. Cuando se introducen predadores, esto afecta la mayoría de las aves, especialmente

NOTAS

Me entristece escribir este capítulo. Lo que me anima es saber que ustedes lo están leyendo, y que a algunos de ustedes les importa suficiente lo que les sucede a los pingüinos y a nuestro planeta para hacer una verdadera diferencia. Así que, ¿qué pueden hacer ustedes? Aprendan todo lo que puedan acerca de los pingüinos y los otros maravillosos animales, plantas y lugares de nuestro planeta. Aprendan cuáles son los problemas, y entonces pueden escoger algo que pueden contribuir para hacer la diferencia.

las que no vuelan. Los perros, gatos, cerdos, hurones y ratas, todos matan pingüinos, algunas veces en números grandes. La agricultura, el despeje de bosques y otras actividades humanas destruyen los lugares de cría de algunos pingüinos. Si la gente coge demasiados peces que sirven de alimento a los pingüinos, esto dificulta que los pingüinos puedan encontrar suficiente alimento.

Los derramamientos de petróleo, la basura lanzada al mar, DDT (un pesticida dañino), las redes de pesca y otros tipos de **contaminación**, todos dañan la frágil forma de vida del pingüino.

Los derramamientos de petróleo son una constante amenaza a los pingüinos africanos que viven a lo largo de las principales rutas mundiales de embarque, alrededor de Suráfrica. Ya han habido algunos derramamientos serios. Después de cierto

◀ *Un rótulo advierte a motoristas que deben tener cuidado con pingüinos que van y vienen de sus nidos. El mensaje está escrito (aquí) tanto en Maori como en español.*

Pieles de pingüino enrolladas descubiertas en una cueva de las Islas Antípodas subantárticas son remanentes de los días de caza de focas. La piel de pingüino fue usada para hacer gorros, zapatillas, manguitos (para las manos), y monederos. Las plumas fueron usadas para decorar la ropa y también como relleno de colchones. ▸

derramamiento, voluntarios de todo el mundo se apresuraron a ayudar en la labor de limpieza y a cuidar decenas de miles de pingüinos. Pero cada año, mayor número de barcos, y más grandes, viajan a lo largo de esta línea costera. ¿Qué sucederá la próxima vez que haya un derramamiento de petróleo? ¿Y la siguiente vez?

El calentamiento global también tiene un efecto adverso en los pingüinos. Los pingüinos antárticos se alimentan totalmente de kril, y las poblaciones grandes de kril sólo se reproducen durante los "súper inviernos" en Antártica. Estos inviernos son más fríos de lo normal, lo que permite que el kril bebé sobreviva en grandes números. El calentamiento global ya ha reducido las poblaciones de kril, afectando el éxito de nidificación de los pingüinos antárticos.

Glosario

adaptaciones: Cambios físicos graduales o ajustes que le permiten a un animal sobrevivir en su ambiente, aún bajo condiciones severas.

agresivo: Demostrar la tendencia de atacar o hacer daño a otros.

aislamiento: Algo que impide o reduce la pérdida de calor.

antárticos: Relacionados con el Polo Sur o la región que lo rodea.

aparear: Referido a un animal, juntarlo con otro de diferente sexo para que se reproduzcan.

camuflaje: Disimulo que usan algunos animales para armonizar con su ambiente y evitar ser vistos por predadores o presas.

colonias: Grupos de animales de la misma especie que viven juntos y dependen los unos de los otros.

contaminación: Daño o alteración de la pureza o del estado de algo.

crèches: Criaderos de pingüinos donde se juntan los polluelos para protegerse.

especies: Tipos de animales que tienen algunas características físicas en común.

evolucionaron: Sufrir cambios físicos graduales con el tiempo.

Fahrenheit: Una escala de temperatura en el cual el agua normalmente se congela a 32 grados.

hábitats: Lugares donde plantas y animales viven y crecen.

hemisferio meridional: La mitad de la Tierra situada al sur de la línea ecuatorial.

impulsan: Mueven algo hacia delante.

kril: Un animal marino muy pequeño, parecido al camarón, que es la fuente principal de alimento para pingüinos, ballenas y muchos otros habitantes de la región antártica.

línea ecuatorial: Una línea imaginaria que circula la Tierra y la divide en hemisferio norte y hemisferio sur.

Maori: El lenguaje hablado por algunos polinesios nativos de Nueva Zelandia.

mudar: Cambiar periódicamente las plumas, pelo o piel y reemplazar lo que se pierde con crecimiento nuevo.

perfilado: Diseñado para moverse con agilidad y gracia.

predador: Un animal que caza, atrapa y come otros animales.

región antártica: Una región inhabitada que rodea el Polo Sur.

regurgitan: La habilidad de un animal de arrojar de su estómago comida incompletamente digerida para alimentar a sus jóvenes.

skuas: Un grupo variado de aves marinas.

sobreviven: Permanecer vivo y prosperar.

ventisca de nieve: Tormenta de nieve severa con vientos poderosos.